Introduzione

Queste mini libro vuole essere solamente una sintesi delle nozioni essenziali di cui deve disporre un programmatore che si appresta a utilizzare Turbo Pascal della Borland. Non intendono in alcun modo sostituirsi ai manuali:

Turbo Pascal User's Guide
Turbo Pascal Reference Guide

ai quali si rinvia per gli approfondimenti che si rendono necessari mano a mano il programmatore prende coscienza delle potenzialità del pacchetto software e diventa di conseguenza più esigente. L'articolazione di questo libro è la seguente:

- *Generalità sui linguaggi di Programmazione*
- *Tipi di variabili previste da Turbo Pascal*
- *Tipi semplici Ordinali Numerici Reali*
- *Tipi strutturati Array, String, Record, Set*
- *Strutture IF..THEN..ELSE e CASE..OF*
- *Strutture FOR..DO, WHILE..DO e REPEAT..UNTIL*
- *Funzioni e Procedure*
- *Files su disco*
- *Struttura di un Programma Pascal*

Si presuppone che l'utente abbia una certa familiarità con i concetti base del sistema operativo MS/DOS in particolare con i concetti di "file", "directory", "sub-directory" ed una certa familiarità con i comandi DOS fondamentali.

Il riferimento all'ambiente Turbo Pascal della Borland è d'obbligo in considerazione del fatto che esso rappresenta il "linguaggio ufficiale" in ambiente MS-DOS adottato dal Ministero della Pubblica Istruzione per il PNI (Piano Nazionale per l'introduzione dell'Informatica negli Istituti Superiori).

Queste note tratte in buona parte da Turbo Pascal Tutor 4.0 sono state redatte per fornire un riferimento scritto agli alunni del 4^ anno di corso del biennio post-qualifica TIEE che si apprestano ad affrontare la Teoria della Programmazione utilizzando come strumento di lavoro il pacchetto Turbo Pascal della Borland.

1- Generalità sui linguaggi di programmazione

La programmazione degli elaboratori può essere attuata facendo uso del linguaggio macchina oppure di linguaggi di programmazione detti ad alto livello.

Il linguaggio macchina è un linguaggio specifico di una determinata CPU e quindi presuppone una buona conoscenza del set di istruzioni del modo di indirizzamento, delle modalità di esecuzione delle istruzioni da parte della CPU e dell'architettura del sistema utilizzato.

I linguaggi ad alto livello sono completamente indipendenti dal tipo di CPU su cui operano, sono molto più aderenti al modo di esprimersi di un essere umano e non richiedono una conoscenza specifica dell'architettura del sistema su cui viene redatto un determinato programma.

Tra i linguaggi ad alto livello ricordiamo :

- FORTRAN (FORmula e TRANslator) adatto per la risoluzione di problemi di tipo scientifico.

- COBOL (COmmon Business Oriented Language) adatto per la risoluzione di problematiche di tipo commerciale.
- PL/1 adatto per applicazioni sia di carattere scientifico che commerciale (nato in casa IBM) primo esempio di linguaggio strutturato (MPL PL-Z).

- BASIC (Beginner's All-purpose Symbolic Instruction Code) linguaggio adatto per un primo impatto con la realtà del calcolatore: risolve sia problemi di tipo scientifico che problemi di carattere commerciale.

-PASCAL linguaggio adatto a risolvere sia problemi di tipo scientifico che problemi di altro genere. È un linguaggio strutturato per definizione.

-C linguaggio derivato dal PASCAL ed utilizzato per la scrittura di sistemi operativi o di altri strumenti software.

Il programma scritto dal programmatore ed introdotto nella memoria dell'elaboratore viene detto programma SORGENTE (SOURCE-PROGRAM); quello materialmente eseguito dalla CPU e perciò codificato in linguaggio macchina viene denominato programma OGGETTO (OBJECT-PROGRAM). Sarà perciò necessario disporre di un traduttore che partendo da istruzioni redatte in linguaggio ad alto livello le trasformi in equivalenti istruzioni stese in linguaggio macchina.

Ogni linguaggio dispone quindi di un traduttore in linguaggio macchina.

Un generico linguaggio ad alto livello può essere strutturato per funzionare in modo INTERPRETE o in modo COMPILATORE.

Nel modo INTERPRETE il programma sorgente si trova in memoria RAM e viene introdotto attraverso una tastiera che di solito opera in codice ASCII (American Standard Code for Information Interchange); quando viene attivata la esecuzione del programma l'interprete per ciascuna riga di programma effettua le seguenti operazioni:

   1)- Controllo sintattico sulla riga di programma.

   2)- Traduzione della riga di programma in linguaggio macchina.

   3)- Esecuzione di quella riga di programma.

La fase 1) di controllo sintattico può dare origine a segnalazioni di errore che appaiono su terminale video con indicazione della riga di programma ove si è verificato l'errore e del tipo di errore riscontrato (codifica numerica) SYNTAX-ERROR. Per correggere l'errore è necessario riscrivere la riga di programma errata.

La fase 2) di traduzione in linguaggio macchina, può dare
origine a segnalazioni di errore di tipo COMPILATION-ERROR per correggere le quali è necessario sempre riscrivere una o più righe errate di programma.

La fase 3) di esecuzione del segmento di programma oggetto anch'essa può dare origine a segnalazioni di errore di tipo RUN-TIME-ERROR per correggere le quali bisogna analizzare con attenzione qual'è la condizione che ha provocato l'errore.

Nel modo COMPILATORE il programma sorgente si trova di solito su disco sotto forma di "file" (archivio di informazioni su disco); la preparazione del sorgente su disco avviene attraverso l'uso di un apposito "strumento software" denominato EDITORE.

Il compilatore fa una analisi sintattica di tutto il programma sorgente fornendo eventuali segnalazioni di errore che servono al programmatore per correggere il programma. In caso il controllo sintattico abbia dato

4

esito positivo, viene effettuata la traduzione in linguaggio macchina del programma sorgente, traduzione che viene registrata su disco sotto forma di "file".

Il programma oggetto così prodotto dal compilatore in genere non è ancora eseguibile in quanto privo delle necessarie informazioni base per eseguire operazioni matematiche più o meno complesse o operazioni di Input Output. Si rende necessaria un'ultima operazione denominata operazione di LINK delle librerie che viene attuata per mezzo di un altro "strumento software" chiamato LINKING-LOADER. Il programma oggetto prodotto dal compilatore, "linkato" con le routine di libreria è quindi in grado di funzionare autonomamente; anch'esso viene salvato su disco e costituisce il prodotto finale e conclusivo della compilazione.

1.1- Linguaggi Interpretati

L'impiego di linguaggi di tipo interprete presenta pregi e difetti che di seguito vengono elencati:

1. Il programma viene modificato in modo molto semplice (riscrivendo la riga di programma errata) e in modo altrettanto semplice è possibile verificare la validità della correzione.

2. Il programma sorgente è sempre presente in RAM quindi è di solito "listabile" su video o stampante (manca la segretezza del codice che spesso è un requisito fondamentale).

3. La velocità di esecuzione del programma è piuttosto bassa in quanto ogni volta che viene impartito il comando di esecuzione (RUN per il BASIC e PASCAL) vengono sempre e comunque ripetute le fasi di controllo sintattico e di traduzione in linguaggio macchina del programma sorgente in quanto a priori non è possibile stabilire se la versione di programma presente in memoria è quella corretta oppure no.

4. L'area di memoria a disposizione è piuttosto modesta in quanto per consentire l'esecuzione di un programma interpretato deve essere presente in memoria oltre al programma sorgente, l'interprete (linguaggio-interprete) completo corredato di RUN-TIME-PACKAGE (biblioteca completa).

1.2- Linguaggi Compilati

L'impiego di un linguaggio compilatore presenta pregi e difetti che di seguito vengono elencati:

1. Il programma sorgente non può essere modificato con rapidità in quanto è necessario ricorrere all'EDITORE per ricaricare il programma in memoria, correggere la o le righe errate e salvare su disco il programma sorgente corretto. La verifica richiede che venga ripetuta la procedura di compilazione al completo.

2. Il programma che viene eseguito dalla CPU è redatto in linguaggio macchina e quindi non è "listabile" su video o stampante, il codice sorgente rimane perciò segreto (ciò consente ai progettisti software di legare a sé il cliente che anche per una piccola modifica dovrà rivolgersi a chi ha prodotto il programma e quindi dovrà pagare il servizio aggiuntivo richiesto; questa è uno dei motivi del grande successo di case quali IBM, HONEYWELL, UNIVAC, MICROSOFT, BORLAND ecc.).

3. La velocità di esecuzione del programma è più elevata rispetto a quella di un programma interpretato (il controllo sintattico del programma e la traduzione il linguaggio macchina viene effettuato una sola volta nel momento della compilazione).

4. L'area di memoria a disposizione è la massima possibile in quanto per il suo funzionamento il programma oggetto non ha bisogno né del compilatore né tanto meno del programma sorgente che in casi di programmi di una certa lunghezza addirittura non potrebbe nemmeno stare nell'intera RAM del calcolatore.

Si conclude perciò che, ove un determinato linguaggio abbia la possibilità di configurarsi nei due modi sopra descritti, sarà opportuno operare in ambiente Interprete nella fase di stesura, di correzione e di verifica di funzionalità (fase di Debugging) del programma stesso (sfruttando quindi tutti i vantaggi dell'ambiente Interprete) poi sarà quindi opportuno trasferirsi in ambiente Compilatore per procedere alla traduzione in linguaggio macchina del programma predisposto (con tutti i vantaggi: rapidità di esecuzione e segretezza del codice).

Va comunque ribadito che, programmi di modeste dimensioni consentono di operare indifferentemente in modo Interprete e in modo Compilatore mentre programmi di cospicue dimensioni obbligano ad operare in modo Compilatore.

Gli ambienti TURBO-PASCAL, TURBO-C, TURBO-BASIC della Borland; QUICK-C, QUICK-BASIC della Microsoft sono ambienti integrati in cui si può operare sia in modo Interprete che in modo Compilatore. In ambiente TURBO-PASCAL i "files-sorgenti" redatti in linguaggio PASCAL hanno estensione PAS per distinguerli dai "files-eseguibili" contenenti il codice macchina 8088-8086 che hanno estensione EXE .

Il FORTRAN è nato ed ha conservato la sua iniziale struttura di linguaggio Compilatore; il BASIC invece è nato come linguaggio Interprete e solo in tempi relativamente recenti sono stati sviluppati Compilatori BASIC .

2- Tipi di variabili previste dal Turbo Pascal

Turbo Pascal prevede cinque tipi fondamentali di variabili su cui operare:

1. *Tipi Semplici*
2. *Tipi Strutturati*
3. *Tipo Stringa*
4. *Tipo Puntatore*
5. *Tipo Identificatore*

In questa rassegna introduttiva verranno presi in esame solamente i Tipi Semplici , i Tipi Strutturati e il Tipo Stringa.

3- Tipi Semplici

Ai Tipi Semplici appartengono i Tipi Ordinali e il Tipo Reale.

3.1- TIPI ORDINALI

Tutti i possibili valori di un dato tipo ordinale costituiscono un insieme ordinato nel senso che a ogni elemento è possibile associare un valore intero detto ordinalità di quell'elemento.

Turbo Pascal prevede 7 tipi ordinali predefiniti (di cui 5 numerici) :
1. *ShortInt*
2. *Integer*
3. *LongInt*
4. *Byte*
5. *Word*

6. *Boolean(False 0; True 1)*
7. *Char*

e 2 classi di tipi ordinali definibili da parte dell'utente: Enumerativi e Subrange

Tipi Interi Predefiniti

Tipi	IntegerRange	Cifre Sign.	Struttura	Bytes	Modo
SHORTINT	-128 .. +127	3	Signed 8 bit	1	Normale
BYTE	0 .. 255	3	Unsigned 8 bit	1	Normale
INTEGER	-32768 .. +32767	5	Signed 16 bit	2	Normale
WORD	0 .. 65535	5	Unsigned 16 bit	2	Normale
LONGINT	-2147483648..+2147483647	10	Signed 32 bit	4	Normale
COMP	-9.2E18..9.2E18	19-20	Signed 64 bit	8	8087

Le funzioni standard :

Ord, Pred, Succ,

possono essere utilizzate con tutti i tipi ordinali. La funzione *Ord* restituisce l'ordinalità di un determinato elemento. La funzione Pred restituisce il predecessore di una determinata variabile ordinale. Provoca un errore se applicata al primo valore di un tipo ordinale.

La funzione **Succ** restituisce il successore di una determinata variabile ordinale. Provoca un errore se applicata all'ultimo valore di un tipo ordinale.

Le variabili Byte occupano come le variabili Char otto bit (un byte) in memoria; sulle variabili byte possono essere effettuate operazioni aritmetiche non consentite sulle variabili Char .

Le variabili del tipo ordinale booleano possono assumere i valori:

True (Vero, 1) e False (Falso, 0)

Boolean è un tipo enumerativo predefinito nel seguente modo:
type
 boolean = (False, True);
                 0   1
False < True
Ord(False) = 0
Ord(True) = 1
Succ(False)= True
Pred(True) = False

In una generica espressione, gli operatori relazionali =, <>, >, <, >=, <=, e la funzione IN danno risultati di tipo boolean.

3.2- Tipi ENUMERATIVI

Un tipo enumerativo viene dichiarato attraverso l'elencazione dei valori possibili che la variabile di quel tipo può assumere; gli identificatori presenti nella definizione di tipo divengono costanti di tipo enumerativo; il primo valore elencato ha ordinalità 0, il secondo ha ordinalità 1 e così via. I tipi enumerativi costituiscono una sottoclasse dei tipi ordinali.

Esempio 1

    type
     Carte = (Quadri, Fiori, Cuori, Picche);

Cuori è una costante di tipo Carte (tipo enumerativo). La funzione standard Ord elabora l'ordinalità di una costante o variabile di tipo enumerativo per cui si avrà:

    Ord(Quadri)=0, Ord(Fiori)=1, ecc.

Esempio 2
    Type
            Giorno=(Domenica,Lunedi,Martedi,Mercoledi,Giovedi,Venerdi,Sabato);
            precipitazione = (pioggia,neve,nevischio,nessuna);
            colore = (nero,bianco,bleu,verde,rosso,giallo);
Definito un "tipo-enumerativo", è possibile stendere le seguenti dichiarazioni di variabile:

    Var
            Oggi : giorno;
            Weather: precipitazione;
            Paint: colore;

Per assegnare un valore a una variabile di tipo enumerativo, si dovrà scrivere a destra dell'operatore := uno degli identificatori di tipo, come indicato negli esempi seguenti :

     Oggi := Mercoledì ;
    Weather := pioggia;
    Paint := verde;

I tipi enumerativi sono strutturalmente ordinati; fra essi c'è un primo elemento (lowest), un ultimo elemento (highest) oltre che una serie di elementi collocati fra il primo e l'ultimo.

La funzione standard Ord trasforma una variabile di tipo enumerativo in un valore intero associato a tale variabile. Al primo valore presente nella lista enumerativa viene associato il valore 0, mentre all'ultimo viene associato un valore ordinale pari al numero totale di elementi presenti nella dichiarazione di tipo meno 1. Così ad esempio, per il tipo enumerativo giorno si avrà

    Ord(Lunedi) = 1; Ord(Domenica) = 7

N.B. Si tenga presente che non è possibile effettuare una operazione Write usando una delle tre variabili di tipo enumerativo Oggi, Weather, Paint introdotte; è permesso unicamente di fare il Write del valore ordinale ad esse associato (o del precedente o del successivo).

    Write(Oggi,Paint);   ISTRUZIONE ERRATA
    Write(Ord(Oggi),Succ(Paint));   ISTRUZIONE CORRETTA

3.3- Tipi SUBRANGE

Un tipo subrange è rappresentato da un insieme di valori provenienti da un tipo ordinale denominato "tipo host".

type

  Cifre = (0..9);

La dichiarazione di tipo subrange specifica il primo e l'ultimo elemento dell'insieme definito. Le costanti presenti nella elencazione devono appartenere allo stesso tipo ordinale, la prima costante deve avere valore ordinale inferiore o uguale alla seconda.

La direttiva di compilazione $R effettua un controllo sui tipi subrange definiti nel programma al fine di segnalare eventuali errori di sconfinamento dai valori definiti.

3.4- Le variabili INTEGER

Gli interi previsti dal Pascal sono numeri il cui valore non ha parte frazionaria. Ad esempio, 5, 0, e -2209 sono interi, mentre 13.5 e 12.72 non lo sono in quanto entrambi sono corredati di parte decimale (parte dopo la virgola o punto decimale). Gli Interi di tipo Integer sono definiti fra -32768 e +32767 (Massimo valore 32767 e minimo valore -32768).

L'uso di variabili intere anziché variabili reali, là dove è consentito, permette di scrivere programmi più efficienti (più veloci in fase di esecuzione e meno voluminosi come area di memoria occupata) poiché la CPU (famiglia 8086) opera molto pi velocemente sulle variabili intere in quanto esse richiedono solo 2 bytes di memoria per essere memorizzate.

3.5- Interi di tipo LONGINT

Gli Interi di tipo LongInt (long integer) sono numeri dotati di un campo di definizione molto pi ampio degli Integer : essi sono compresi fra i valori limite -2.147.483.648 e 2.147.483.647 (circa +/- 2 miliardi).

Gli Interi di tipo LongInt vengono impiegati in quelle situazioni dove richiesta velocità di elaborazione ed un campo di valori pi ampio di quello consentito dagli Interi di tipo Integer. Le variabili intere di tipo LongInt richiedono 4 bytes per essere memorizzate.

3.6- Divisione fra operandi Interi

Per effettuare la divisione fra due interi, è necessario utilizzare l'operatore DIV.
Si rammenta che /, rappresenta l'operatore di divisione da usare con le quantità reali.

Per calcolare il resto della divisione fra due valori interi usare l'operatore MOD.

  Esempi :
    Q := A DIV B ; { Q è il quoziente della divisione A diviso B }
    R := A MOD B ; { R è il resto della divisione A diviso B }

3.7- Situazione di 'Overflow'

Quando vengono utilizzate variabili intere, bisogna prestare attenzione in quanto facile che si verifichino condizioni di 'overflow'. Questo accade quando il risultato di una elaborazione condotta su due quantità intere produce un valore *troppo grande* per poter essere memorizzato nell'area riservata al risultato.
Ad esempio si consideri il seguente programma:

```
program Overflow;
  var
    A,B,C: integer;
  begin
          A := 1000;
          B := 1000;
          C := A * B;
          Writeln(C);
  end. { Overflow }
```

Poiché la quantità 1.000.000 non ha la possibilità di essere memorizzata entro i 2 bytes riservati alla variabile intera C, il <u>valore</u> <u>misterioso</u> assunto dal risultato 16960 rappresenta proprio il valore numerico dei 16 bit meno significativi di 1.000.000 quando esso venga espresso in forma binaria.

Notare che non viene generato alcun messaggio di errore.

3.8- Le variabili di tipo WORD

Allo stesso modo delle variabili intere, le variabili word occupano 16-bit (2-byte) in memoria. A differenza per degli interi che possono assumere sia valori positivi che negativi le "word" assumono sempre valori positivi e vengono di conseguenza usate nelle situazioni dove i valori negativi non sono richiesti oppure in quei casi in cui la variabile rappresenta una successione di bit piuttosto che un vero valore numerico. I valori permessi per una variabile "word" sono pertanto compresi fra 0 e 65535.

Turbo Pascal prevede numerosi operatori per manipolare le variabili "word" ; molti di questi hanno una corrispondenza diretta con operazioni previste dal linguaggio macchina 8086 e perciò tali operazioni verranno eseguite molto velocemente.

Gli operatori AND, OR, e XOR lavorano su operandi "word" e restituiscono un risultato "word" dopo avere effettuato le opportune operazioni logiche su ciascuna coppia di bit appartenenti agli operandi a 16 bit.
Ad esempio, siano A e B due dati a 16 bit:

> *A = $5555 = 0101010101010101   in binario*
> *B = $007F = 0000000001111111   in binario*

L'operazione A AND B darà risultato 1 solamente in quei bit in cui è presente 1 sia in A che in B per cui si avrà :

> *A AND B = $0055 = 0000000001010101   in binario*

L'operazione A OR B darà risultato 1 nei bit ove è presente 1 o in A, oppure in B o in entrambi per cui si avrà :

> *A OR B = $557F = 0101010101111111   in binario*

L'operazione A XOR B darà risultato 1 solo nei bit ove A è diverso da B per cui si avrà :

> *A XOR B = $ 552A = 0101010100101010   in binario*

L'operatore NOT effettua il complemento (cambia gli 1 in 0 e 0 in 1) su ogni singolo bit dell'operando "word", pertanto si avrà :

> *NOT B = $FF80 = 1111111110000000   in binario*

Gli operatori SHL/SHR (shift a sinistra/shift a destra) fanno scorrere i bit di una "word" a sinistra oppure a destra, con la introduzione di zeri se necessario; ad esempio:

> *A SHL 2 = $5554 = 0101010101010100   in binario (shift a sinistra di 2 posti)*
> *B SHR 5 = $0003 = 0000000000000011   in binario (shift a destra di 5 posti)*

Le funzioni Hi e Lo forniscono rispettivamente il byte pi significativo (Hi Byte) e quello meno significativo (Lo Byte) della variabile "word" su cui operano; ad esempio:

$$Hi(B) = \$00 = 00000000 \qquad\qquad in\ binario$$
$$Lo(B) = \$7F = 01111111 \qquad\qquad in\ binario$$

La funzione Swap scambia tra di loro il byte pi significativo con quello meno significativo dell'operando; ad esempio:

$$Swap(B) = \$7F00 = 0111111100000000 \qquad in\ binario$$

3.9- Le variabili di tipo CHAR

Variabili di tipo ordinale CHAR sono usate per memorizzare variabili espresse in codice ASCII ossia facenti parte di un testo. Le costanti di tipo CHAR sono scritte fra apici, per esempio 'A', '3', oppure '*' (l'apice da solo viene indicato come segue '''' :sequenza di 2 apici fra apici). Le variabili di tipo "char" occupano un byte e rappresentano un carattere stampabile oppure un carattere di controllo. Ad esempio:

```
var
        C : char;
        N : integer;
begin
        .
        C := 'A';
```

Può essere utile passare da un determinato carattere al suo valore numerico intrinseco (definito dal codice ASCII); questa operazione viene effettuata dalla funzione Ord :

```
        N := Ord(C);
```

In modo analogo, può essere utile trasformare un valore numerico ordinale nel carattere corrispondente; questa operazione viene effettuata dalla funzione Chr .

```
        C := Chr(3);
```

Gli "Array di caratteri" (vettori di tipo "char") sono strutture di dati molto utili. In Turbo Pascal è stato previsto il tipo string per operare comodamente con tali strutture.

```
program CharDemo;
    var
            C : char;
            J : byte;
    begin
            J := 50;
            C := Chr(J);
            Writeln(C);
            J := Ord(C);
            Writeln(J);
            C := 'A';
            J := Ord(C);
            Writeln(J);
            C := Chr(2);
            Writeln(C);
    end. { CharDemo }
```

3.10- LE VARIABILI REALI

Una quantità di tipo **real** è costituita da un numero che generalmente contiene anche una parte decimale (ma non necessariamente deve essere presente). Ad esempio 1.5, 0.33335, e 1.987E3 sono quantità reali; 1.987E3 scritto in notazione esponenziale o scientifica e si legge: " 1.987 per 10 elevato alla 3^.
Le variabili Turbo Pascal di tipo "real" dispongono di un ampia gamma di valori da 2.9E-39 (molto prossimo a 0) fino a 1.0E+38 (una quantità enorme : 1 con ben 38 zeri !). Le quantità reali possono assumere valori sia positivi che negativi e richiedono 6 bytes per essere memorizzate.

3.11- Limiti nella Precisione

A differenza delle variabili di tipo "integer" e "long-int" la rappresentazione interna di Turbo Pascal delle quantità reali non esatta. Nessun numero reale può superare le undici cifre di accuratezza massima. Ad esempio il numero, 123.456.654.321 verrà rappresentato con la quantità 1.234566543E+11 (123.456.654.300; le due ultime cifre meno significative vengono perse durante la conversione).
Inoltre, va precisato che a causa del metodo di rappresentazione interna delle quantità reali, può capitare pure che frazioni decimali con meno di undici cifre non vengano rappresentate esattamente. Per esempio, 1.49 può solo essere approssimato da un valore reale. Il grado di approssimazione
certamente buono (a volte tra 1.489999999 e 1.490000001), ma inevitabilmente si perde la precisione assoluta delle variabili di tipo "integer".

3.12- Tipi di dati in modalità 8087-80287-80387

Turbo Pascal prevede *tre tipi aggiuntivi* per le variabili reali single, double, extended, e un tipo aggiuntivo comp per le variabili intere. Questi tipi aggiuntivi offrono un range più o meno ampio di valori ed una maggiore o minore accuratezza dei risultati.

Tipi	Range di valori	Cifre Sign		Bytes	Modo
REAL	2.9E-39..1.7E38	11-12		6	Normale
SINGLE	1.5E-45..3.4E38	7-8		4	8087
DOUBLE	5E-324..1.7E308	15-16		8	8087
EXTENDED	3.4E-4932..1.1E4932	19-20		10	8087

Tipi	IntegerRange	Cifre Sign	Struttura	Bytes	Modo
SHORTINT	-128 .. +127	3	Signed 8 bit	1	Normale
BYTE	0 .. 255	3	Unsigned 8 bit	1	Normale
INTEGER	-32768 .. +32767	5	Signed 16 bit	2	Normale
WORD	0 .. 65535	5	Unsigned 16 bit	2	Normale
LONGINT	-2147483648..+2147483647	10	Signed 32 bit	4	Normale
COMP	-9.2E18..9.2E18	19-20	Signed 64 bit	8	8087

Turbo Pascal supporta due modelli di generazione del software floating-point:

1. *Software Floating point {$N-}*
2. *Floating Point {$N+}*

La direttiva di compilazione $N viene usata per commutare fra i due modelli. Nello stato 8087 Floating Point {$N+}, la direttiva di compilazione $E permette di inserire nel programma finale il software di emulazione del coprocessore matematico 8087. Il file .EXE così ottenuto è in grado di essere eseguito su macchine ove il coprocessore matematico 8087 è assente.

3.13- Output di dati su Video

Per visualizzare i risultati della elaborazione effettuata da un programma, si deve fare uso delle procedure interne al Turbo Pascal denominate Write e Writeln. Si possono inviare al Video dati di tipo numerico Integer o Real o stringhe di caratteri. Le forme sintattiche sono di seguito riportate:

> *WRITE(<lista degli elementi da visualizzare>);*

> *WRITELN(<lista degli elementi da visualizzare>);*

la lista può comprendere variabili o costanti siano esse quantità   numeriche o stringhe di caratteri; i vari elementi della lista devono essere separati da una virgola , ; le costanti stringa devono essere comprese fra apici; la procedura WRITELN dopo avere inviato su Video tutti gli elementi da visualizzare invia pure una coppia di caratteri di controllo <CR> + <LF> che provocano il ritorno a capo, sulla riga immediatamente successiva del cursore video.
> *Esempi:*

> > *Writeln('Risultato = ',R);*
> > *{ la variabile R viene inviata sul video preceduta dalla stringa di caratteri*
> > *...Risultato = ...successivamente il cursore video torna a capo sulla riga successiva }*

> > *Write('A=',A,' B=',B,' C=',C);*
> > *{ I valori assunti dalle variabili A,B,C, vengono preceduti da brevi stringhe di commento;*
> > * il cursore non va a capo }*

> > *Writeln; { Il cursore video va a capo alla riga successiva }*

3.14- Formattazione delle quantità reali in modo "fixed-point"

Per visualizzare una quantità reale in formato diverso da quello previsto dalla "notazione scientifica" o "floating point", si deve fare uso dei parametri di formattazione previsti nelle istruzioni Write o Writeln.
> *Ad esempio:*

> > *Writeln(R:12:2);*

invia in uscita la variabile reale R in formato decimale standard (campo di 12 colonne, numero collocato sulla destra, con due cifre dopo la virgola).

Esempio:
```
        program RealAccuracyDemo;
         var
                 R: real;
         begin
                 R := 12345654321.0; { precisione max. 11 cifre }
                 Writeln(R:15:0);
                 R := 1234567654321.0; { valore a 13 cifre }
                 Writeln(R:15:0);
                 R := 123456787654321.0; { valore a 15 cifre }
                 Writeln(R:15:0);
         end. { RealAccuracyDemo }
```

3.15- Output di dati su stampante

Per effettuare una operazione di output su stampante piuttosto che su video si useranno le procedure predefinite in Turbo Pascal WRITE e WRITELN con l'opportuno parametro Lst che identifica come canale d'uscita quello della stampante di sistema ("Line Printer").
Le forme sintattiche sono di seguito riportate:

WRITE(Lst,<lista degli elementi da stampare>);

WRITELN(Lst,<lista degli elementi da stampare>);

Esempi:

Writeln(R:15:4); { la variabile R viene inviata sul video }

Writeln(Lst,R:15:4); { La variabile R viene inviata su stampante }

N.B. Poiché Lst è una variabile predefinita nel modulo Printer , sarà necessario nella sezione Uses (vedi par. 9.1b) specificare l'opportuno riferimento a questo modulo attraverso la riga di programma: Uses Printer;

4- Dati di tipo Strutturato

Ai tipi strutturati appartengono gli ARRAY, il Tipo STRING (array di variabili char), i RECORD, le variabili di tipo SET, i FILES.

4.1- ARRAY (vettori a 1 o più dimensioni)

Un "array" è un insieme ordinato di variabili tutte dello stesso tipo; ciascuna di esse viene individuata attraverso il nome dell'array e la posizione o le coordinate della variabile entro l'array. Si consideri la dichiarazione:

Var   Y : array[1..100] of real;

essa significa che Y rappresenta un vettore costituito da 100 elementi reali Y[1], Y[2], Y[3], ...,Y[100];

N.B. Un vettore non può occupare più di 64K-bytes in memoria.
Ciascuna di queste 100 variabili può essere usata alla stessa stregua di una comunissima altra variabile di tipo "real". Inoltre, e questo è ciò che rende facile l'uso degli array, il valore dell'indice può essere rappresentato da una qualsiasi espressione che dia come risultato un valore compreso fra 1 e 100.

Bisogna tuttavia prestare attenzione ed evitare che i valori assunti dagli indici degli array provochino uno sconfinamento al di fuori del campo di definizione dato in sede di dichiarazione.

Ad esempio, se la variabile J è di tipo integer i valori assunti dalla J in questo ciclo iterativo For

for J := 1 to 100 do Y[J] := 0.0;
permettono di azzerare tutto l'array.

Gli "array" possono essere di tipo multi dimensionale; cioè in altri termini si possono avere "arrays di arrays (di arrays...)". Si supponga di avere un vettore Alfa tridimensionale (o matrice Alfa) costituito da 50 x 20 x 10 elementi reali; la dichiarazione può essere stesa in due modi distinti:

Modo A:
> *Var*
>> *Alfa : array[1..50,1..20,1..10] of real;*

Modo B: Da preferire in quanto largamente usato nel linguaggio C
> *Var*
>> *Alfa : array[1..50] of array[1..20] of array[1..10] of real;*

È evidente che per individuare un solo elemento sarà necessario dare i tre valori degli indici che forniscono le coordinate dell'elemento entro l'array (matrice a tre dimensioni).
> *Alfa[30,5,4]= -2.5E-10*

Gli elementi di un array a più dimensioni vengono collocati in memoria con il seguente ordine:

> *Alfa[1,1,1], Alfa[1,1,2], ..., Alfa[1,1,10],*
> *Alfa[1,2,1], Alfa[1,2,2], ..., Alfa[1,2,10],*
> *Alfa[2,1,1], ...*
> *Alfa[2,20,1], ... Alfa[2,20,10],*
> *Alfa[50,20,1], ... Alfa[50,20,10]*

oppure Alfa[50][20][10]

N.B. Varia più rapidamente l'ultimo indice.

NOTE

a)- È opportuno fare alcune riflessioni sulle dichiarazioni di Tipo che possono dare problemi quando vengano in modo sistematico usati gli ARRAY. Si consideri il programma riportato di seguito

```
Program ONE(input,output);
var
        A : array[1..30] of byte;
        B : array[1..30] of byte;
Begin
        ...
        A := B;
        ...
        ...
End.
```

La istruzione A := B viene considerata errata dal compilatore in quanto le variabili A e B vengono considerate diverse.

```
Program TWO(input,output);
type
        Y = array[1..30] of byte;
var
        A,B : Y;
Begin
        ...
        A := B;
        ...
        ...
End.
```

La istruzione A := B viene considerata corretta dal compilatore in quanto le variabili A e B vengono considerate dello stesso tipo.

b)- L'indice di un array può avere un insieme di definizione diverso dal classico [1..N] come si può osservare nella dichiarazione seguente:

Z : array[-5..+5] of real;

4.2- Le variabili di tipo STRING

Una variabile di tipo STRING è una sequenza di caratteri dinamicamente variabile fra 1 e 255 caratteri. Una variabile di tipo STRING può essere considerato come un vettore monodimensionale di elementi di tipo CHAR (caratteri ASCII). Il numero massimo di caratteri può venire indicato fra parentesi quadre. Se si tenta di assegnare più di n caratteri a una variabile di tipo string[n], la parte eccedente gli n caratteri viene persa.

Var

c : string[40];
d : string[58];
r : string[80];

Una variabile di tipo STRING dichiarata senza specificare il numero massimo di caratteri può contenere fino a un massimo di 255 caratteri.

Var   Msg : string;

Le costanti di tipo STRING vengono scritte entro apici 'Turbo', '', 'That''s all'. Si noti come il carattere ' viene rappresentato dalla sequenza di due apici consecutivi ''. Con variabili di tipo STRING possono essere usati i seguenti operatori: +, =, <>, <, >, <=, >=

4.3- Funzioni che operano su variabili STRING

La funzione Lengtht(St) restituisce la lunghezza dinamica della stringa di caratteri St.
   Esempio:
      St := 'Coca_Cola';
      Length(St) = 9
La Funzione Concat(St1,St2{,St3,...,Stn}) restituisce la stringa ottenuta concatenando nell'ordine St1, St2, St3, ..., Stn. (È consentito come in BASIC usare l'operatore +).
   Esempio:
      St1 := 'Sai scrivere'
      St2 := 'in PASCAL ?'
      St1 + St2 = 'Sai scriverein PASCAL ?'
      Concat(St1,St2) = 'Sai scriverein PASCAL ?'
      St2 + St1 = 'in PASCAL ?Sai scrivere'

La Funzione Copy(St,Pos,Len) restituisce la stringa costituita da <Len> caratteri estratti dalla stringa <St> a partire dal carattere di posto <Pos>.
   Esempio:
      St1 := 'Sai scrivere'
      St2 := 'in PASCAL ?'
      Copy(St1,5,8) = 'scrivere'
      Copy(St2,4,6) = 'PASCAL'
La Procedura Delete(St,Pos,Num) cancella all'interno della stringa <St>, <Num> caratteri a partire dal carattere di posizione <Pos>.

Esempio:

   St1 := 'Sai scrivere'
   St2 := 'in PASCAL ?'

Dopo avere eseguito:

   Delete(St1,5,3);St1 = 'Sai ivere'
   Delete(St2,1,3);St2 = 'PASCAL ?'

La Procedura Insert(Source, Destination, Position) inserisce la stringa <Source> all'interno della stringa <Destination> a partire dal carattere di posto <Position>. La Funzione Pos(Pattern, Target) restituisce la posizione della stringa <Pattern> all'interno della stringa <Target>. Per informazioni più approfondite sul funzionamento delle procedure:

   Insert, Pos, Str, Val

si rinvia alla consultazione di Turbo Pascal Reference Manual.

4.4- Confronto fra Stringhe di Caratteri

Le stringhe vengono confrontate tenendo conto in primo luogo del valore ASCII dei caratteri in esse contenute e successivamente della lunghezza. Ad esempio, "cat" è inferiore a "dog" poichè il valore ASCII della lettera 'c' è inferiore al valore ASCII della lettera 'd'. Due stringhe sono uguali se e soltanto se esse contengono gli stessi caratteri. Se due stringhe hanno lunghezza diversa ma sono identiche fino all'ultimo carattere della stringa più corta, la stringa di caratteri più corta viene considerata inferiore della stringa più lunga. In questo senso la stringa "cat" è considerata inferiore alla stringa "cats". Le maiuscole sono significative quando si confrontano stringhe di caratteri. La stringa "Cat" è inferiore alla "cat" il quanto le lettere maiuscole hanno valore ASCII inferiore rispetto alle corrispondenti minuscole.

Esempio:

```
procedure ToLower (var S: MaxString);  { converte maiuscole in minuscole }
var
        Index : integer;
begin
        for Index := 1 to Length(S) do
            if S[Index] in ['A'..'Z'] then
                S[Index] := Chr(Ord(S[Index]) + 32);
end; { ToLower }
```

4.5- RECORD

I Record sono un tipo di variabile strutturato costituito da un insieme di variabili di tipo diverso fra loro (gli elementi costituiscono i vari campi del record). È possibile accedere al record per intero o individualmente ai suoi elementi componenti chiamati fields (campi). La forma sintattica per la dichiarazione di tipo è la seguente:

```
Type
        RecType = record
                <field1>: <sometype>;
                <field2>: <sometype>;
                .

                .
                <fieldn>: <someType>;
        end;
```

Definita una variabile di tipo record è possibile assegnare ai vari campi quantità determinate specificando il nome della variabile seguito da un punto e dal nome del campo. È evidente che le quantità che vengono assegnate al campo di un record devono essere compatibili con la dichiarazione di tipo del campo. Per esempio :

```
type
        alfa = record
                nome : string[40];
                eta : integer;
                corso : (amee, omu, tiee, tim);
        end;
var
        Studente : alfa;

begin
        Studente.nome := 'Marco Rossi';
        Studente.eta := 17;
        Studente.corso := tiee;
end.
```

L'istruzione WITH

L'istruzione Pascal WITH consente di accedere in modo abbreviato ai vari campi di un record. All'interno dell'istruzione WITH (che può comprendere un blocco delimitatore Begin/End) non è più necessario utilizzare il nome del record per accedere ai suoi campi. A titolo di esempio, le istruzioni di assegnazione presentate nel precedente esempio assumono con l'istruzione WITH la seguente forma:

```
begin
        WITH Studente do
        begin
                nome := 'Marco Rossi';
                eta := 17;
                corso := tiee;
        end;
end.
```

4.6- Le variabili di tipo SET

Gli Insiemi (o classi), collezioni di oggetti dello stesso tipo ordinale, sono un elegante strumento per esprimere relazioni esistenti fra elementi di un programma.

Il tipo-base degli elementi di tipo "set" (il tipo degli oggetti contenuti in un insieme) deve essere costituito al massimo da 256 possibili valori. Perciò si può definire un insieme di elementi di tipo char, o un insieme di numeri interi da 75 a 98 (subrange interi 75..98). Non è possibile definire un insieme di numeri di "tipo integer" poiché tale insieme conterrebbe 65536 possibili valori. Un insieme (set) viene rappresentato racchiudendo all'interno di parentesi quadre l'elenco di oggetti dello stesso tipo ordinale separati da virgola.
Se l'elenco contiene elementi aventi valore ordinale consecutivo si può utilizzare la notazione dei "subrange" (due espressioni separate da due punti). Ecco alcuni esempi:

[] classe vuota
[1,3,5,7,9] Classe di valori interi (subrange)
['A'..'Z'] classe di elementi char
[Lun,Mar..Ven] classe di giorni della settimana
[Gennaio..Aprile,Settembre..Dicembre] classe di mesi

Definizione degli elementi di tipo "Set"

Per definire un "tipo-set" si deve utilizzare la parola riservata "set of", seguita dal nome del tipo base (tipo a cui appartengono gli elementi contenuti nell'insieme).
Ad esempio :

    type

            CharSet = set of char; {Classe di elementi di tipo "char"}
            MonthDays = set of 1..31; {Classe di elementi interi subrange 1..31)}
            DayType = (Sun, Mon, Tue, Wed, Thur, Fri, Sat);
            Days = set of DayType; {Classe di elementi di tipo "DayType"}
            Colors = set of (Red, Green, Blue); {Classe di elementi di tipo anonimo enumerativo
                                                        (Red, Green, Blue)}

 var
            wd : Days;
begin
            wd = [Mon..Fri];

Gli elementi di tipo set possono essere elaborati con un discreto numero di operatori speciali. Supponiamo di disporre dei seguenti elementi:
    set1 := ['A', 'B', 'C'];
     set2 := ['C', 'D', 'E'];
     set3 := ['A', 'B', 'C'];
     set4 := ['A', 'B'];
L'operatore unione (+) effettua la somma logica fra classi dando origine alla classe somma:
    set1 + set2 = ['A', 'B', 'C', 'D', 'E'];
costituita dagli elementi che appartengono o a set1 oppure a set2 (funzione OR).

Istruzione in

L'operatore di appartenenza **in** ci permette di verificare se un elemento o una classe A sono contenuti all'interno di una classe B:
    if ('A' in set1) then . . .
'A' rappresenta un elemento, set1 una classe; poiché effettivamente l'elemento 'A' è contenuto in set1 il risultato della proposizione che segue if assume valore TRUE.

L'operatore - permette di costruire la classe differenza:

    set1 - set2 = ['A', 'B']

costituita dai valori di set1 che non appartengono a set2.

L'operatore di intersezione * effettua il prodotto logico fra classi dando origine alla classe prodotto:
    *set1 * set2 = ['C']*
costituita dagli elementi che appartengono sia a set1 che a set2 (funzione AND). Alcuni degli operatori usati con numeri e stringhe possono essere utilizzati anche con elementi di tipo set ma con significato diverso.
L'operatore di eguaglianza = fornisce un valore Booleano che indica se due classi sono esattamente uguali (contengono gli stessi elementi):
    set1 = set3   restituisce il valore TRUE
    set1 = set2   restituisce il valore FALSE

L'operatore di disuguaglianza <> fornisce un valore Booleano che indica se due classi sono diverse:
    set1 <> set3 restituisce il valore FALSE
    set1 <> set2 restituisce il valore TRUE

Gli operatori di inclusione <= e >= forniscono un valore Booleano che indica se una classe è una sottoclasse di un'altra. L'operatore <= restituisce il valore TRUE se la prima è contenuta nella seconda mentre l'operatore >= si comporta in modo esattamente opposto.

set1 <= set2 restituisce il valore FALSE
set4 <= set1 restituisce il valore TRUE
set3 >= set2 restituisce il valore FALSE
set1 >= set4 restituisce il valore TRUE

```
program SetsDemo;
 uses Crt;
 var
         Alphabet, Vowels, Consonants: set of char;
         C: char;
 function LCase(C: char): char;          { restituisce la versione minuscola della variabile C }
        begin
                if C in ['A'..'Z'] then
                LCase := Chr(Ord(C) + 32)
                else
                LCase := C;
         end; { LCase }
        begin { SetsDemo }
                Alphabet := ['a'..'z'];
                Vowels := ['a', 'e', 'i', 'o', 'u];
                Consonants := Alphabet - Vowels;
                repeat
                        Write('Premi un carattere: ');
                        C := LCase(ReadKey);
                        if C in Vowels then
                                Writeln('Il carattere è una vocale')
                        else
                                if C in Consonants then
                                        Writeln('Il carattere è una consonante')
                                else
                                        if C in [' '..'~'] then Writeln('Il carattere è ASCII e stampabile');
                until C in [#3, #27, #13];
        end. { SetsDemo }
```

5- Le Strutture Decisionali

I costrutturi decisionali di Turbo Pascal sono due : IF .. THEN .. ELSE e   CASE .. OF.

5.1- Struttura Decisionale IF .. THEN .. ELSE

L'istruzione IF elabora una espressione di <u>tipo</u> <u>Boolean</u> per determinare quale, fra due possibili alternative, deve essere seguita. La clausola ELSE fa parte opzionalmente del costrutto. La struttura sintattica è la seguente :

> IF <espressione-booleana> THEN
> > <istruzione1>
> > > [ELSE <istruzione2>]

Se l'<espressione-booleana> assume il valore True (ossia se è vera), allora viene eseguita l'<istruzione1> e di seguito verranno eseguite le istruzioni che seguono il costrutto IF.
Se l'<espressione-booleana> assume il valore False (ossia se è falsa), allora non viene eseguita l'<istruzione1> ma viene eseguita l'<istruzione2>. Si noti che l'<istruzione1> e l'<istruzione2> può essere costituita da un intero blocco di istruzioni comprese tra i delimitatori Begin End, ma potrebbe anche essere un'altra istruzione IF.

Spesso nasce confusione quando si deve correttamente collocare il ; in una istruzione IF. È opportuno in proposito ricordare che la frase ELSE deve essere considerata parte integrante dell'istruzione IF (non si tratta di una istruzione a sé stante) e quindi NON DEVE ESSERE PRECEDUTA DAL; . Infatti il compilatore interpreta il ; come un separatore di istruzioni, e quindi non ha senso che ne venga collocato uno all'interno di una istruzione (ma questo è proprio quello che succede quando si fa precedere da un ; la frase ELSE).
Esempio :

```
{ Questo programma trova le soluzioni reali di una equazione di 2.o grado.
  I dati richiesti in ingresso sono :
  i coefficienti reali  A, B, C.
  I risultati forniti sono :
  1-) Le soluzioni X1 e X2   oppure
  2-) L'unica soluzione X nel caso A=0
  3-) I messaggi di avvertimento nei casi particolari (A=0 e B=0)
  4-) La parte reale R e immaginaria M delle soluzioni nel caso D risulti negativo }

Program Equaz2(Input,Output);
 var A,B,C,D,X1,X2,X,R,M : real;    {dichiarazioni relative alle variab.}
 BEGIN
   Write(' Coefficiente A= ');
   Readln(A);
 Write(' Coefficiente B= ');
   Readln(B);
   Write(' Coefficiente C= ');
   Readln(C);
   If A=0  Then
     Begin  { Risolvi equazione di 1^ grado }
       If B=0
         Then
           If C=0 Then Writeln('Identita ')
                Else Writeln(' Equazione Impossibile ')
         Else
          Begin
           X := -C/B;
           Writeln(' Una soluxione X= ',X:10:3);
          End;  { fine ELSE If B=0 }
     End    { fine THEN If A=0 }
     Else  { If A=0 }
```

```
Begin  { Equazione di 2^ grado }
    D := B*B-4*A*C ;
    If D < 0 then
       Begin
         R := -B/(2*A)
         M := SQRT(-D)/(2*A);
         Writeln(' Due soluzioni complesse coniugate');
         Writeln('R= ',R:10:3,' M= ',M:10:3);
       End  { fine THEN If D<0 }
      Else
       Begin
         X1 := (-B+SQRT(D))/(2*A);      X2 := (-B-SQRT(D))/(2*A);
         Writeln(' Due soluzioni reali ');
         Writeln('X1= ',X1:10:3,' X2= ',X2:10:3);
       End; { fine ELSE If D<0 }
    End; { if A=0 }
   Readln;
END.
```

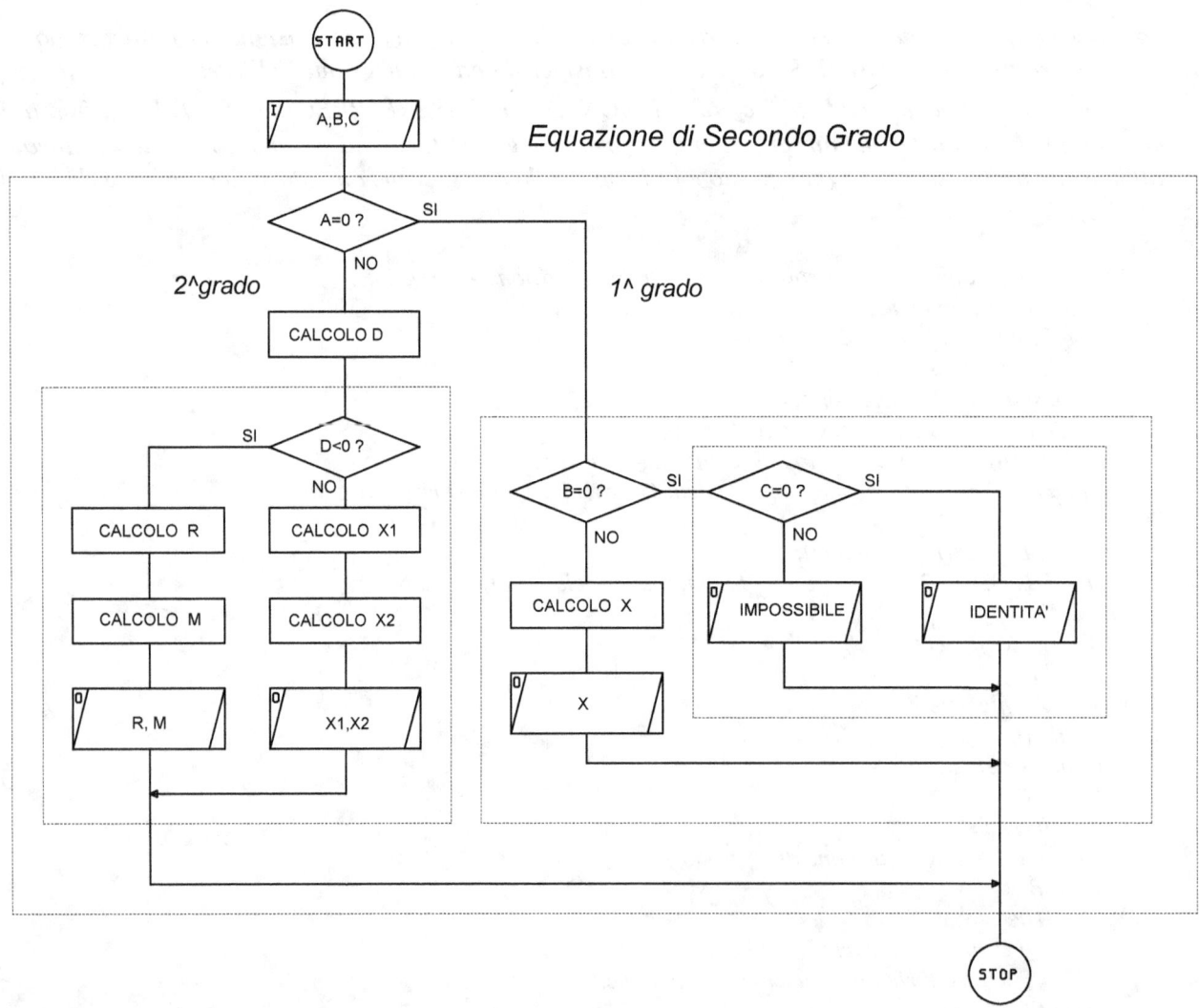

Equazione di Secondo Grado

22

5.2- La Struttura CASE .. OF

La istruzione CASE consente al programma di verificare se il valore di una variabile ordinale rientra fra quelli consentiti, e prevede la esecuzione di istruzioni appropriate per ogni valore consentito.

```
CASE <epressione-ordinale> OF
<valore1> : <azione1>;
<valore2> : <azione2>;
.
.
<valoreN> : <azioneN>;
[ ELSE <azioneN+1>; ]
END; { case }
```

Si noti che la clausola ELSE è opzionale; se fosse omessa, e se il valore assunto dalla <espressione-ordinale> non coincidesse con nessuno dei valori elencati nel costrutto "CASE", allora l'esecuzione proseguirebbe semplicemente con l'istruzione successiva alla CASE.

L'uso del costrutto CASE in sostituzione di un gruppo di istruzioni IF rende i programmi più facilmente leggibili ed interpretabili.

```
program CaseDemo;

var
        a,b,z : real;
        k : integer;
begin
        Writeln('Dimostrativo Costrutto CASE OF');
        Writeln('1-Somma A+B');
        Writeln('2-Sottrai A-B');
        Writeln('3-Moltiplica A*B');
        Writeln('4-Dividi A/B');
        Writeln('5-Calcola Radice quadrata di A');
        Readln(k); {Il valore di k determina la scelta effettuata}
CASE k OF
        1 : Z := A+B;
        2 : Z := A-B;
        3 : Z := A*B;
        4 : Z := A/B;
        5 : Z := SQRT(A);
        ELSE Writeln('Valore di K fuori-range!');
 end; { case }
        IF (K>0) AND (K<6) THEN Writeln('Z=',Z:10:3);
end. { CaseDemo }
```

6- LE STRUTTURE ITERATIVE

6.1- La Struttura Iterativa FOR .. DO

Il costrutto FOR è adatto per situazioni in cui una istruzione o una serie di istruzioni debbano essere ripetute N volte, ove N deve essere noto prima che il ciclo iterativo abbia inizio. Invece, i cicli iterativi attuati attraverso le istruzioni WHILE e REPEAT/UNTIL, sono maggiormente adatti alle situazioni in cui le condizioni di conclusione del ciclo iterativo vengono calcolate dentro al ciclo (in altri termini il numero di volte che un ciclo deve essere ripetuto non è noto in anticipo).

Forma sintattica:

FOR <Var-Ordinale> := <Espr-Ordinale> {TO|DOWNTO} <Espr-Ordinale> DO <Istruzione>

Ad esempio, il ciclo iterativo seguente fa apparire il messaggio 'Ciao !' per dieci volte (N è una variabile intera):

for N := 1 to 10 do Writeln('Ciao !');

La frase DOWNTO fa sì che la variabile contatore decrementi di una unità ad ogni ciclo, come nel programma che segue:

```
program ForDemo;
        uses Crt;
var
        N : integer;
        X,M : real ;
begin

        ClrScr; { Pulisce lo schermo video }
        Write('Calcola media aritmetica di 20 valori reali introdotti');
        M := 0;
        for N := 1 to 20 do
        begin
                Writeln('X',N,'='); Readln(X);
                M := M + X;
        end;
        M := M/N;
        Writeln('Media =',M:10:3);
end. { ForDemo }
```

6.2- La Struttura Iterativa WHILE .. DO

La struttura WHILE è un costrutto iterativo per impieghi generali in cui il test di uscita dal ciclo viene collocato in testa alla struttura stessa.

Forma sintattica:

WHILE <espressione-booleana> DO <istruzione(i)>

Finchè l' <espressione-booleana> assume valore True , l'<istruzione> viene eseguita. Se l' <espressione-booleana> assume valore False sin dalla prima esecuzione, l'<istruzione> non viene mai eseguita. Questo modo di funzionare è diverso con quello della struttura iterativa REPEAT/UNTIL, in cui l'istruzione o il gruppo di istruzioni che compongono il RANGO vengono sempre eseguite almeno una volta.

In modo analogo alla struttura iterativa FOR, si rende necessario l'uso di una coppia begin/end per consentire l' esecuzione di più di una istruzione all'interno di un ciclo WHILE.

Esempio :
{ Algoritmo di Euclide per la determinazione del Massimo Comune Divisore fra due numeri interi N1 ed N2 positivi e maggiori di 1. Al termine, oltre al MCD viene stampato il numero di iterazioni compiute dal programma per pervenire al risultato }

```
Program MCD(input,output);
var
        N1,N2,K : integer;
Begin
Writeln(' Algoritmo di Euclide per la determinazione del MCD ');
N1 := 0; N2 := 0;
hile (N1<1) or (N2<1) do
        Begin
                Write('N1= ');
                Readln(N1);
                Write('N2= ');
                Readln(N2);
        End;
K := 0; { Azzeramento contatore iterazioni }
While N1 <> N2 do
        Begin
                K := K+1; { Aggiornamento contatore iterazioni }
                If N1>N2 Then N1 := N1-N2
                Else N2 := N2-N1;
        End;
Writeln('MCD = ',N1,' K= ',K);
End. { MCD }
```

6.3- La Struttura Iterativa REPEAT .. UNTIL

La struttura REPEAT ... UNTIL è un costrutto iterativo per impieghi generali in cui il test di uscita dal ciclo viene collocato alla fine della struttura stessa.
Forma sintattica:

> *REPEAT*
> > *<istruzione(i)>*
> *UNTIL <espressione-booleana>;*

Finchè l' <espressione-booleana> assume valore False , il blocco <istruzione(i)> contenuto fra REPEAT ed UNTIL viene eseguito. Si noti che le istruzioni che compongono il RANGO del ciclo iterativo vengono sempre eseguite almeno una volta. Questo comportamento è del tutto diverso da quello delle strutture iterative WHILE e FOR, nelle quali, con opportuni valori iniziali delle variabili di controllo, è possibile che le istruzioni che compongono il RANGO non vengano eseguite nemmeno una volta. Contrariamente a quanto previsto nelle strutture iterative FOR e WHILE, non è richiesto il blocco Begin/End per consentire l'esecuzione di più di una istruzione nel ciclo.

Esempio :
{ *Tabulazione della funzione parabolica y = x^2 +3x +7 in un determinato intervallo a-b* }

```
Program TabFx(Input,Output);
 var Y,X,A,B,DeltaX : real;
       I,N : integer;
Begin
       Writeln(' Tabulazione y=f(x) per a <= x <= b');
       REPEAT
               Write(' Limite Inferiore a='); Readln(A);
               Write(' Limite Superiore b='); Readln(B);
               Write(' Numero di Punti N='); Readln(N);
       UNTIL (a<b) AND N > 2 ;
       DeltaX := (B-A)/(N-1);
       X := A;
       REPEAT
               Y := X*X + 3*X + 7 ;
               X := X + DeltaX ;
               Writeln(I:4,X:15:2,Y:15:2);
       UNTIL X > B ;
       Write('PREMI <CR> PER CONTINUARE !!!'); Readln;
End.
```

7- FUNZIONI E PROCEDURE

Le Procedure e le funzioni possono essere definite moduli di codice sorgente. Il loro scopo primario è di suddividere programmi vasti e complessi in unità di modeste dimensioni. Sia le procedure che le funzioni hanno una struttura similare a quella di un programma; possono essere presenti dichiarazioni di costanti, di tipo, di variabili, funzioni o procedure annidate internamente proprio come in un programma.
La struttura-tipo di una procedura è la seguente:

```
procedure <ProcName>;
       <definizioni di costanti>
       <definizioni di tipo>
        <definizioni di variabili>
        <definizioni di procedure annidate (nested)>
 begin
       <istruzioni>
 end;
```

Una funzione si comporta come una procedura ad eccezione del fatto che essa restituisce sempre un valore ; tipicamente il valore di ritorno di una function rappresenta il risultato di calcoli basati su valori passati alla funzione nella fase di esecuzione del programma.

7.2- Chiamate a Procedure e Funzioni

Una procedura viene chiamata esplicitamente attraverso una istruzione costituita solo dal nome della procedura; una funzione viene chiamata in modo implicito utilizzando il suo nome in una espressione all'interno di una istruzione (spesso si tratta di una istruzione di assegnazione).
Ad esempio :

```
Program ProcsAndFuncts;
var
        N : integer;
procedure Ciao;
 begin
        Writeln ('Ciao!');
 end; { Ciao }

function F17: integer;
 begin
        F17 := 17;
 end; { F17 }

 begin { ProcsAndFuncts }
        Ciao; { chiamata alla procedura Ciao }
        N := F17; { chiamata della funzione F17 }
 end. { ProcsAndFuncts }
```

7.3- Ritorno da una Procedura o da una Funzione

Una procedura o funzione restituisce il controllo al programma chiamante quando viene completata l'esecuzione dell'ultima istruzione o, in alternativa, quando viene incontrata l'istruzione EXIT .

Variabili Locali

Qualsiasi variabile dichiarata in una procedura o funzione si dice che è locale a quella "routine". Perciò queste variabili vengono create sullo "stack" nella fase di chiamata della "routine" e distrutte quando la "routine" si conclude.
Le variabili locali hanno perciò una vita uguale alla durata della della chiamata della "routine". Inoltre, come nel caso delle variabili globali, il loro valore è indefinito nel momento in cui si entra in una procedura o funzione.

Variabili Globali

Sono le variabili definite nel programma principale e che pertanto possono essere definite statiche .

Variabili Formali

Sono le variabili che figurano nella definizione di una procedura o di una funzione

Ad esempio :

```
program VariableLifetimeDemo;

procedure TestProc;
        var
                N : integer;
begin
Writeln( N );
N := 66;
end; { TestProc }

begin { VariableLifetimeDemo }
        TestProc;
        TestProc;
        TestProc;
end. { VariableLifetimeDemo }
```

Il valore prodotto in uscita da questo programma è imprevedibile per cui ad ogni chiamata della "routine" TestProc può essere stampato un qualsiasi valore intero. L'assegnazione ad N del valore 66 non risolve il problema.

7.4- Ricorsione

È consentito ad una procedura o ad una funzione di chiamare se stessa; questo processo viene chiamato ricorsione, e permette la creazione di algoritmi più semplici e soprattutto più compatti. Sono esempi in cui possono essere utilizzati metodi ricorsivi :

1) la funzione fattoriale infatti : $n! = n \cdot (n-1)!$

2) la potenza : $x^n = x \, x^{(n-1)}$

3) il calcolo del MCD (fra due numeri x, y di cui x>y) :   MCD(x,y) = MCD(x-y,y)

4) la costruzione della tavola Pitagorica

```
Esempio :
Function Fatt(N:integer) : integer;

Begin
  If (N<=1) Then Fatt := 1
    Else  Fatt := N*Fatt(N-1);
End;
```

In fase di Run time se deve essere calcolato ad esempio il fattoriale del numero 3, il programma imposterà il calcolo di 3 per il fattoriale di 2; il fattoriale di 2 verrà a sua volta risolto calcolando il prodotto 2 per il fattoriale di 1 (che da come risultato 1 per definizione); i calcoli rimasti in sospeso possono ora essere chiusi eseguendo i prodotti in senso contrario: 1 per 2 per 3.

I "calcoli in sospeso" richiedono uno spazio stack adeguato alla profondità del processo ricorsivo e quind bisogna prestare attenzione ad eventuali messaggi in fase di run-time che segnalino di avere utilizzato tutto lo stack disponibile; tuttavia questo è il prezzo da pagare alla eleganza e alla compattezza di un algoritmo scritto con metodi ricorsivi.

7.5- Passaggio di Parametri

Il Passaggio di parametri fra il programma ed una procedura o funzione può avvenire in due modi:

- *- per valore (value senza parola chiave VAR)*

- *- per indirizzo (reference con parola chiave VAR)*

Quando in fase di esecuzione di un programma viene passato ad una Procedura o Funzione un parametro per valore, sullo stack viene trasferita una copia del parametro (non il parametro stesso); in effetti questa copia diviene a tutti gli effetti una variabile locale della routine chiamata. All'interno della routine tale variabile può subire modifiche senza che queste influenzino il valore originario assunto a livello di "routine chiamante".

Al contrario, quando in fase di esecuzione di un programma viene passato ad una Procedura o Funzione un parametro per indirizzo, sullo stack viene trasferito l'indirizzo del parametro. Ciò significa che le modifiche subite dalla variabile all'interno della "routine chiamata" si ripercuotono sul valore originario della variabile assunto a livello di "routine chiamante". Solamente le variabili (né costanti e nemmeno espressioni) possono essere utilizzate come parametri VAR; solo per le variabili infatti ha senso parlare di indirizzo di memoria. Le limitazioni sulle dimensioni dello stack possono rendere più vantaggioso il passaggio di parametri per indirizzo rispetto al passaggio di parametri per valore.
Ad esempio, per trasferire per valore (VALUE) un array da 10K è necessario disporre di un'area stack da 10K; per effettuare lo stesso trasferimento per indirizzo si richiede un'area stack da 4 bytes.
È possibile modificare l'area di memoria richiesta dallo stack con l'opzione Turbo Pascal Options Compiler Memory sizes; l'ampiezza di default dello stack è fissata a 16K.

Esempio 1
```
program ParameterDemo1;
        type
                  t = array [1..5000] of char;

 procedure ByValueProc(a: t);
begin
        a[2500] := 'F';
end; { ByValueProc }

procedure ByReferenceProc(VAR a: t);
 begin
        a[2500] := 'F';
end; { ByReferenceProc }
var
        AnArray: t;
 begin { ParameterDemo1 }
        AnArray[2500] := 'A';
        ByValueProc(AnArray);
        Writeln(AnArray[2500]);
        ByReferenceProc(AnArray);
        Writeln(AnArray[2500]);
 end. { ParameterDemo1 }
```

Esempio 2
```
program ParameterDemo2;
var
        A : integer;

procedure Proc1(N : integer);
 begin
        N := 55;
```

```
end; { Proc1 }

procedure Proc2(var N : integer);
begin
        N := 33;
end; { Proc2 }


var
        G : integer;
begin { ParameterDemo2 }
        G := 22;
        Proc1(G); Writeln(G);
        Proc2(G); Writeln(G);
        { Proc2(55); Questa linea non verra' compilata in quanto
        non è consentito passare una costante come parametro VAR }
end. { ParameterDemo2 }
```

7-6- Accesso diretto alle porte di I/O

Per accedere alle porte dati della CPU 80x86 (interfacce esterne), Turbo Pascal dispone di due array predefiniti, Port e PortW. Entrambi sono array ad una dimensione, ciascun elemento dei quali rappresenta una porta dati, il cui indirizzo corrisponde al suo indice. Il tipo dell'indice è word. I componenti dell'array Port sono di tipo byte e quelli dell'array PortW sono di tipo Word.

Quando viene assegnato un valore ad un componente di tipo Port o PortW, il suo valore viene trasferito in output sulla porta selezionata.

Port[$138] := $A5;
(la quantità esadecimale $A5 a 8 bit, viene trasferita sulla porta il cui indirizzo è $138)

PortW[$3F0] := $A55A ;
(la quantità esadecimale $A55A a 16 bit, viene trasferita sulla porta di indirizzo $3F0)

Quando in un'espressione si fa riferimento ad un componente di Port o di PortW, il suo valore è l'input dalla porta selezionata. Ecco qualche esempio:

Valore_letto := Port[Base] XOR Maschera ;

(Il dato presente sulla porta di indirizzo Base viene letto, viene fatta l'operazione XOR (OR esclusivo) con il contenuto della zona memoria "Maschera", il risultato viene collocato nella zona memoria Valore_letto.)

While (Port[$B2] AND $80) = 0 do ;

(Il dato presente sulla porta di indirizzo $B2 viene letto, viene fatta l'operazione logica AND con il dato esadecimale $80; tale dato rappresenta una maschera che pone in evidenza il bit P7 della porta : ottavo bit. Finché P7 si trova a livello basso, il prodotto logico sarà 0 e perciò la CPU non fa nulla (do ;). Quando P7 si porta a livello alto, il prodotto logico risulterà diverso da 0 e quindi la CPU proseguirà con l'istruzione successiva al WHILE. La riga di programma rappresenta quindi un "loop di attesa" capace di sincronizzare l'esecuzione del programma con un evento esterno che accede al processore tramite una scheda di interfaccia esterna: la porta di indirizzo $B2).

8- GESTIONE DEI FILES O ARCHIVI SU DISCO

Con il termine file (archivio) si intende una registrazione effettuata su memoria di massa che può essere un nastro magnetico o "Tape-Unit", dischetto magnetico flessibile o "floppy-disk", disco rigido o "hard-disk". Per distinguere fra un archivio A ed un archivio B presenti sulla medesima unità logica il sistema operativo MS-DOS attribuisce al file un nome costituito al massimo da 8 caratteri alfanumerici ed una estensione costituita al massimo da 3 caratteri alfanumerici.

La necessità di utilizzare archivi su disco sorge per due ordini di problemi diversi:
1. La memoria RAM del sistema di elaborazione dati può essere insufficiente per contenere tutti i dati relativi ad una elaborazione piuttosto complessa; in questo caso si dovranno trattenere in RAM solo i dati correnti su cui si deve lavorare e si terranno archiviati quelli che non servono.

2. La memoria RAM è una memoria volatile e quindi i dati in essa spariscono quando si toglie l'alimentazione al sistema di elaborazione dati; sorge perciò la necessità di salvarli su un supporto che mantenga l'informazione per poi provvedere a recuperali successivamente quando ciò si renda necessario.

8.1- FILES AD ACCESSO SEQUENZIALE

I file di tipo Text sono archivi su disco che sono costituiti da record di caratteri ASCII.
Non esistono limitazioni circa la loro lunghezza; essi possono essere lunghi quanto lo consente il disco. I file di tipo Text sono rappresentati da variabili di tipo Text (predefinito).

Ad esempio :
var
    MyFile : text;

Una volta che è stato attivato il colloquio con l'unità a disco, è possibile leggere un "text-file" con la medesima facilità con cui si lavora con la tastiera (in modo read) o scrivere su di esso con lo stesso procedimento che si usa con il video (in modo write); infatti si utilizzano le stesse procedure standard Writeln e Readln specificando in esse ovviamente il nome del file prima di elencare la lista delle variabili di I/O. Ad esempio :

    Write('Ciao!');

invia la stringa di caratteri (messaggio) 'Ciao!' allo schermo del video mentre l'istruzione :

    Write(MyFile, 'Ciao!');

invia la stringa di caratteri 'Ciao!' alla fine del file di tipo Text MyFile.

I Text Files sono archivi ad accesso sequenziale; ciò significa che per accedere ad un determinato record su disco è necessario provvedere a leggere tutti i record che precedono quello desiderato; i record su disco hanno lunghezza variabile e sono strutturati sotto forma di stringa di caratteri ASCII che termina con il carattere di controllo CR ($0D, dec. 13).
In Pascal esistono archivi ad accesso random; sono i cosiddetti "typed-files" costituiti da record di lunghezza predefinita e costante all'interno di un file; in essi è possibile accedere alle informazioni in qualsiasi ordine.

```pascal
program MakeATextFile;
 var
        TheFile: Text;

begin
        Assign(TheFile,'IPSIA.TXT');
        Rewrite(TheFile); { crea un nuovo file vuoto su cui si predispone per operazioni di scrittura }
        Writeln(TheFile,'IPSIA MORETTO');
        Writeln(TheFile,'Via Luigi Apollonio,21');
        Writeln(TheFile,'25124 BRESCIA');
        Close(TheFile);
end. { MakeATextFile }


program ReadATextFile;
 var
        TheFile: Text;
        S: String;
begin
        Assign(TheFile,'IPSIA.TXT');
        Reset(TheFile); { preparo la lettura di un file esistente }
        while not EOF(TheFile) do
        begin
        Readln(TheFile,S); { leggo un record dal file}
        Writeln(S); { e invio il record al video }
        end;
        Close(TheFile);
end. { ReadATextFile }
```

8.2- FILES AD ACCESSO RANDOM

I Typed files del Pascal sono archivi su disco che sono costituiti da una sequenza di record su disco di tipo predeterminato. Poiché la lunghezza di ciascun record su disco è costante, Turbo Pascal può calcolare con esattezza la posizione di un determinato record all'interno del file e quindi effettuare una operazione di Input (Read) o Output (Write) direttamente in quella posizione dell'archivio.
I file ad accesso random sono perciò una soluzione più efficiente nelle situazioni in cui si richiede di effettuare operazioni di I/O in modo random.

```pascal
Program CreateTypedFile; { crea un archivio costituito da 100 numeri reali }
 var
        TheFile: file of real;
        R: real;
        N: integer;
 begin
        Assign(TheFile,'REALS.DTA');
        Rewrite(TheFile); { crea un archivio nuovo, vuoto e si prepara ad effettuare operazioni write }
        for N := 1 to 100 do
        begin
                R := sqrt(N);
                Write(TheFile, R); { scrive su disco il numero reale R in formato binario (non in rappresentazione ASCII) }
        end;
        Close(TheFile);
 end. { CreateTypedFile }


program UseTypedFile; { Legge un valore compreso fra 1 e 100 e recupera il valore della radice quadrata dal file
creato nel programma precedente}
 var
        TheFile: file of real;
        R: real;
        N: integer;
```

```
begin
        Assign(TheFile,'REALS.DTA');
        Reset(TheFile);
        Write('Valore (1-100): ');
        Readln(N);
        while N > 0 do
                begin
                        Seek(TheFile,N-1); { record 0 = sqrt(1) }
                        Read(TheFile,R);
                        Writeln('La radice quadrata di', N, ' e ',R);
                        Write('Valore (1-100): ');
                        Readln(N);
                end;
end. { UseTypedFile }
```

8.3- PROCEDURE DI SUPPORTO ALL' I/O SU DISCO

ASSIGN

La procedura Assign associa ad una variabile file definita entro il programma, il nome del file MS-DOS su cui devono essere effettuate le operazioni di I/O.

Forma sintattica

Assign(f ; nome : string) ;

ove f è una variabile file di qualsiasi tipo, mentre <nome> è una espressione di tipo string. Tutte le eventuali operazioni svolte successivamente su f opereranno sul file esterno che porta il nome indicato.

Dopo una chiamata ad ASSIGN, l'associazione tra f ed il file esterno continua ad esistere fino a quando su f non viene svolta un'altra procedura ASSIGN.

La lunghezza massima consentita per il nome del file è pari a 79 caratteri. ASSIGN non va mai utilizzata su di un file aperto.

RESET

La procedura Reset va utilizzata per aprire un file esistente:

Forma sintattica

Reset(f : file) ;

f è una variabile file di un tipo qualsiasi, precedentemente associata ad un file per mezzo di Assign.

RESET apre il file esterno con il nome assegnato ad f; se non esiste alcun file con quel nome, si verifica un errore; se f era già stato aperto, viene prima chiuso e quindi riaperto; il puntatore viene posizionato all'inizio del file. Se f è un "text-file", f diviene un file a sola lettura. Ad esecuzione ultimata della procedura RESET, la funzione Eof(f) assumerà valore True se il file è vuoto, False in caso contrario.

REWRITE

la procedura Rewrite va utilizzata per creare ed aprire un nuovo file.

Forma sintattica

Rewrite(f : file) ;

f è una variabile file di un tipo qualsiasi, precedentemente associata ad un file per mezzo di Assign.

REWRITE crea un nuovo file esterno con il nome assegnato ad f; se esiste già un file con quel nome, esso viene cancellato ed al suo posto viene creato un nuovo file vuoto; se f era già stato aperto, viene prima chiuso e quindi ricreato; il puntatore viene posizionato all'inizio del file vuoto. Se f è un "text-file", f diviene un file a sola scrittura. Ad esecuzione ultimata della procedura REWRITE, la funzione Eof(f) assumerà sempre valore True.

CLOSE

La procedura Close va utilizzata per chiudere un file aperto a conclusione delle operazioni di I/O su disco..
Forma sintattica

   Close(f : file) ;

f è una variabile file di un tipo qualsiasi, precedentemente aperto con le procedure RESET, REWRITE o APPEND. Il file esterno associato ad f viene completamente aggiornato e poi chiuso, lasciando il relativo identificatore DOS libero di essere riutilizzato.

APPEND

la procedura Append va utilizzata per aprire un "text- file" già esistente per accodare nuovi record.
Forma sintattica

   Append(f : file) ;

f è una variabile "text-file", precedentemente associata ad un file esterno per mezzo di Assign.
APPEND apre il file esterno con il nome assegnato ad f; se non esiste alcun file con quel nome, si verifica un errore; qualora f fosse già aperto, viene chiuso e quindi riaperto; il puntatore viene posizionato alla fine del file. Dopo una chiamata alla procedura APPEND, f diviene un file a sola scrittura; e la funzione Eof(f) assumerà sempre valore True.

FILESIZE

La funzione FileSize va utilizzata per determinare la lunghezza di un file ossia il numero di record complessivi in esso contenuti. È possibile operare su file precedentemente aperti.
Il risultato è di tipo longint .
Forma sintattica

   n := FileSize(f) ;

f è una qualsiasi variabile file tranne di tipo "text"; n è una variabile di tipo longint . Se il file è vuoto il valore restituito dalla funzione è 0.

SEEK

La procedura Seek va utilizzata per posizionare il puntatore di un file ad accesso random su un record specificato. Forma sintattica

   Seek(f ; n : longint) ;

f è una qualsiasi variabile file tranne di tipo "text"; n è una espressione di tipo longint in cui viene precisato il record su cui deve essere effettuato il posizionamento. Per posizionarsi sul primo record n deve assumere il valore 0; per posizionarsi oltre l'ultimo record n deve assumere il valore FileSize(f).

EOF

La funzione Eof restituisce lo stato del puntatore di un file di tipo text relativamente alla posizione di fine-file. Il risultato è di tipo booleano e perciò i valori assunti sono solo i due valori True e False. Il valore True viene assunto quando il puntatore è posizionato al di là dell'ultimo record del file; il valore False in caso contrario.

Esempi di gestione di I/O con files di tipo text
ESEMPIO 1

Program FileProg1(Input,Output);

{ Questo programma dimostrativo consente di operare su files ad accesso sequenziale ossia su "text-files". Sono possibili diverse opzioni quali la ricerca di un file su disco, la determinazione della lunghezza in bytes di un file, la lettura, la scrittura e l'operazione di "append" di un "text-file" su disco }

Uses Crt ;

```
Var
        f : text ;
        s : string ;
        str : string ;
        I,K : integer ;
Procedure Dim ; { Calcola la lunghezza di un file in bytes }
Var
        f : file of byte ;
Begin
        Write('Nome del file '); Readln(s);
        Assign(f,s) ;
        Reset(f) ;
        Writeln('Lunghezza del file ',FileSize(f),' bytes');
        Close(f) ;
End; { Dim }

Procedure ReadTxt;
Var
        I,K : integer ;
Begin
        Write('Nome del file da leggere '); Readln(s);
        Assign(f,s); { associa alla variabile f la stringa di caratteri s }
        I:=0; K:=0;
        Reset(f); { apre il file f in modo input }
While Not(Eof(f)) do { finchè non si è raggiunta la fine del file }
Begin
        Readln(f,str); { leggi da disco un record }
        If Length(str)=0 then K:=K+1; { Conteggio dei record vuoti }
        I:=I+1 ; { aggiorna il contatore dei record letti }
        Writeln(I:4,' ',str); { scrivi su video il record letto }
End; { While }

Close(f); { chiudi il file }
Writeln('TOTALE RECORD LETTI ',I:4,' RECORD VUOTI ',K:4);
End ; { ReadTxT }

Procedure WriTxt;
Var
        I,N : integer ;
Begin
        Writeln('Viene scritto su disco il file FFF.DAT '); s:='FFF.DAT' ;
        Assign(f,s); { associa alla variabile f la stringa di caratteri s }
        Rewrite(f); { apre il file f in modo output }
        Write('Numero di record da scrivere '); Readln(N);
        For I :=1 to N do { conteggio dei record da scrivere }
        Begin
                Write('R',I,' '); Readln(str); { leggi da tastiera un record }
                Writeln(f,str); { scrivi su disco il record }
```

```
        End; { For }
        Close(f); { chiudi il file }
End; { WriTxT }


Procedure AppTxt;
 Var
        I,N : integer ;
Begin
        Writeln('Viene aggiornato su disco il file FFF.DAT '); s:='FFF.DAT';
        Assign(f,s); { associa alla variabile f la stringa di caratteri s }
        Append(f); { apre il file f in modo output }
        Write('Numero di record da aggiungere '); Readln(N);
         For I :=1 to N do { finchè non sono entrati tutti i record }
                Begin
                        Write('R',I,' '); Readln(str); { leggi da tastiera un record }
                        Writeln(f,str); { scrivi su disco il record }
                End; { For }
        Close(f); { chiudi il file }
End; { AppTxT }


Procedure FilSrc; { Verifica se un file esiste }
 Var
        f : file ;
 Begin
        Write('Nome del file da ricercare '); Readln(s);
        Assign(f,s) ;
        {$I-} { Elimina lo STOP provocato da un errore di I/O in fase RUN-TIME }
        Reset(f) ; { In assenza del file la procedura Reset(f) genera un IOResult}
        {$I+} { Ripristina le normali condizioni operative del compilatore }
        If IOResult = 0 Then Close(f)
                Else Writeln('File non presente ! ',#7);
 End; { FilSrc }


Begin { Main o Programma Principale }
        ClrScr ;
        Repeat
                Writeln;
                Writeln(' Gestione di I/O su disco ') ; Writeln ;
                Writeln('1- Ricerca la presenza di un file');
                Writeln('2- Dimensioni in bytes di un file');
                Writeln('3- Lettura di un Txt file da disco');
                Writeln('4- Scrittura di un Txt file su disco');
                Writeln('5- Append di un Txt file su disco');
                Writeln('0- Passaggio in DOS'); Readln(K);
                Case K of
                        1 : FilSrc ;
                        2 : Dim ;
                        3 : ReadTxt ;
                        4 : WriTxt ;
                        5 : AppTxt ;
                End ; { Case }
        Until K = 0 ;
End. { Main }
```

Esempi di gestione di I/O con files tipizzati (ad accesso Random)

ESEMPIO 2

Program WriteFil(input,output);

{ Questo programma dimostrativo consente di operare su files ad accesso casuale "random typed-file" (organizzati in record). Sono possibili diverse opzioni quali la determinazione della lunghezza in bytes di un file, la lettura, la scrittura e l'operazione di "append" di un "typed-file" su disco. }

Uses Crt ;

```
type
        Check = record
                CheckNum : integer;
                Amt : real;
                Date : string[10];
                Payee : string[39];
        end;
var
        CheckFile : file of Check;
        ThisCheck : Check;
        K : integer;
```

{ La procedura MakeFile costruisce un nuovo archivio random di nome CHECKBOO.DAT sul drive corrente; in esso registra i record introdotti da tastiera }

Procedure MakeFile;

```
Var
        K : integer;
begin
Writeln('COSTRUZIONE ARCHIVIO RANDOM'); Writeln;
Assign(CheckFile,'Checkboo.Dat'); { Assegnazione del file MSDOS }
 Rewrite(Checkfile); { Apre il file in Output }
with ThisCheck do
 repeat
        Write('Numero assegno (0 per finire): ');
        Readln(CheckNum);
        if CheckNum = 0 then
        begin
                Close(CheckFile);
                Exit;
        end;
        Write('Data (GG/MM/AAAA): '); Readln(Date);
        Write('Intestatario (39 caratteri max): '); Readln(Payee);
        Write('Importo (8 caratteri max): '); Readln(Amt);
        Write(CheckFile, ThisCheck); { Scrive il record su disco }
until False;
end;
```

{ La procedura ReadFile legge dall'archivio archivio random di nome CHECKBOO.DAT sul drive corrente, un record dopo l'altro e invia il contenuto su video }

```
Procedure ReadFile;
 Var
        I : integer;
Begin
        Writeln('LETTURA ARCHIVIO RANDOM'); Writeln;
        Assign(CheckFile,'Checkboo.Dat'); { Assegnazione del file MSDOS }
```

```pascal
        Reset(Checkfile); { Apertura del file in Input }
        For I := 1 to FileSize(CheckFile) do
         Begin
                Seek(CheckFile,I-1); { Si posiziona sul record desiderato }
                With ThisCheck do
                 Begin
                        Writeln;
                        Read(CheckFile,ThisCheck); { Legge il record da disco }
                        Write('Numero : '); Writeln(CheckNum:5);
                        Write('Data : '); Writeln(Date:10);
                        Write('Intestatario : '); Writeln(Payee);
                        Write('Importo : '); Writeln(Amt:8:0);
                end; { With }
         end; { For }
 end;
```

{ La procedura ReadRec legge dall'archivio archivio random di nome CHECKBOO.DAT sul drive corrente, un solo record specificato dall'utente e ne invia il contenuto su video }

```pascal
Procedure ReadRec;
 Var
        I : integer;
Begin
        Writeln('LETTURA DI UN SOLO RECORD DI ARCHIVIO RANDOM'); Writeln;
        Assign(CheckFile,'Checkboo.Dat'); { Assegnazione del file MSDOS }
        Reset(Checkfile); { Apertura del file in Input }
        Repeat
                Write('N.o del Record da leggere :'); Readln(I);
        Until (I>0) AND (I <= FileSize(CheckFile));
        Seek(CheckFile,I-1); { Si posiziona sul record desiderato }
        With ThisCheck do
         Begin
                Writeln;
                Read(CheckFile,ThisCheck); { Legge il record da disco }
                Write('Numero : '); Writeln(CheckNum:5);
                Write('Data : '); Writeln(Date:10);
                Write('Intestatario : '); Writeln(Payee);
                Write('Importo : '); Writeln(Amt:8:0);
        end; { With }
 end;
```

{ La procedura AppFile permette di accodare ai record dell'archivio random di nome CHECKBOO.DAT sul drive corrente, uno o più record introdotti da tastiera }

```pascal
Procedure AppFile;
 Var
        I : integer;

 Begin
Writeln('AGGIORNAMENTO ARCHIVIO RANDOM'); Writeln;
Assign(CheckFile,'Checkboo.Dat'); { Assegnazione file MSDOS }
Reset(Checkfile); { Apertura del file in I/O }
I := FileSize(CheckFile);
 with ThisCheck do
 repeat
        Write('Numero assegno (0 per finire): ');
        Readln(CheckNum);
        if CheckNum = 0 then
        begin
                Close(CheckFile); { Chiusura del file }
```

```pascal
                Exit;
          end;
      Write('Data (GG/MM/AAAA): '); Readln(Date);
       Write('Intestatario (39 caratteri max): '); Readln(Payee);
       Write('Importo (8 caratteri max): '); Readln(Amt);
      Seek(CheckFile,I); { Si posiziona sul record desiderato }
       Write(CheckFile, ThisCheck); { Scrittura del record su disco }
       I := I+1; { Aggiorno Contatore dei Record }
until False;
end;
```

{ La procedura SizeFile permette di calcolare il numero di record contenuti nell'archivio random di nome CHECKBOO.DAT sul drive corrente }

```pascal
Procedure SizeFile;
 Begin
      Assign(CheckFile,'Checkboo.Dat'); { Assegnazione file MSDOS }
      Reset(Checkfile); { Apertura del file in I/O }
      Writeln('Dimensioni del file ',FileSize(CheckFile),' record');
      Close(CheckFile); { Chiusura del File }
end;

Begin { Main }
      Repeat
              Writeln;
              Writeln(' GESTIONE ARCHIVI RANDOM ACCESS '); Writeln;
              Writeln('1- Scrittura Archivio Random');
              Writeln('2- Lettura Archivio Random');
              Writeln('3- Size Archivio Random');
              Writeln('4- Aggiunta di Record all''Archivio Random');
              Writeln('5- Lettura singolo Record');
              Writeln('0- Passaggio in DOS'); Writeln;
              Readln(K);
              Case K of
                      1 : MakeFile;
                      2 : Begin
                              SizeFile;
                              ReadFile;
                          End;
                      3 : SizeFile;
                      4 : Begin
                              SizeFile;
                              AppFile;
                              SizeFile;
                          End;
                      5 : ReadRec;
                      End ; { Case }
      Until K=0 ;
End.
```

9- STRUTTURA COMPLETA DI UN PROGRAMMA PASCAL

Un programma in TURBO PASCAL può essere suddiviso in tre elementi fondamentali:

1- *Program Heading o Intestazione del Programma*
2- *Data Section o Sezione ove vengono definiti i dati*
3- *Code Section o sezione dove è presente il codice ossia la traduzione del programma.*

9.1- PROGRAM HEADING Intestazione del Programma

Questa si suddivide a sua volta in tre parti:
a)- Program Name (ove è indicato il nome del programma)
   Es.: Program Prova(Input,Output);

b)- Sezione Uses necessaria quando il programma richiede l'uso di moduli esterni precompilati.
   Es.:Uses Crt, Printer;
L'uso dei quali si rende necessario ad esempio se si usano funzioni tipo ClrScr o si intende attivare l'Output su stampante attraverso il canale predefinito Lst .

c)- Sezione delle Direttive di compilazione
   Es.: {$R+} {$I+}

9.2- DATA SECTION Sezione dei dati
Questa sezione si suddivide a sua volta in 4 parti:

   a)- Label declarations Dichiarazioni di etichetta
      Es.: Label Fine, Ciclo;

   b)- Constant Declarations Dichiarazioni di costanti
      Es.: CONST{Costanti Un-typed}

      Giorni_Settimana = 7;
      Ore_Giorno = 24;
      Messaggio = 'Cari Saluti';

      Es.: CONST{Costanti Typed}

      Giorni_Settimana : Integer = 7 ;
      Interesse : Real = 0.14;
      Messaggio : String[20] = 'Ciao';

   c)- Type Declarations Dichiarazioni di tipo

   d)- Variable declarations   Dichiarazioni di variabile

9.3- CODE SECTION Sezione del codice

Questa sezione si divide a sua volta in tre parti :

a) -Procedures Procedure
b) -Functions Funzioni
c) -Program blocks Programma principale

9.4 - I Commenti

I commenti che possono essere inclusi in qualsiasi parte del programma devono essere inclusi entro una coppia di parentesi graffe { } oppure entro la coppia (* *).

10 - CODICE ASCII (American Standard Code for Information Interchange)

Il codice ASCII è stato introdotto per uniformare i protocolli di conversazione fra unità diverse di un sistema di elaborazione dati ma prodotte e commercializzate da costruttori diversi; è un codice che è nato a 7 bit e che quindi presenta 128 combinazioni possibili è stato poi esteso successivamente a 8 bit in ambito PC. Le estensioni non sono sempre universalmente adottate; le prime 32 combinazioni (da $00 a $1F) e l'ultima ($7F) costituiscono i cosiddetti caratteri di controllo vale a dire codici che non corrispondono a caratteri stampabili ma piuttosto a comandi diretti verso l'unità ricevente per attivare particolari comportamenti della stessa: ad esempio il codice $07 attiva il cicalino (bell) sulla unità ricevente, il codice $0D porta a capo il cursore, il codice $0A porta il cursore sulla linea successiva, ecc.. I caratteri veri e propri (quelli di una tastiera) occupano i codici da $20 (Spazio prodotto dalla barra spaziatrice) al codice $7E (carattere tilde ~). Le cifre numeriche occupano le combinazioni fra $30 (la cifra 0) e $39 (la cifra 9). In tabella sono riportati i caratteri del codice ASCII standard a 7 bit; per individuare il codice di un determinato simbolo bisogna individuare la colonna di appartenenza (MSD cifra più significativa a 3 bit) e successivamente la riga di appartenenza (LSD cifra meno significativa a 4 bit. Esempio il simbolo "$" appartiene alla colonna 2 e riga 4 pertanto la sua codifica ASCII è data dalla combinazione $24 o %00100100, il simbolo "+" appartiene alla colonna 2 e riga B pertanto la sua codifica ASCII è data dalla combinazione $2B o %00101011, la lettera "A" appartiene alla colonna 4 e riga 1 pertanto la sua codifica è data dalla combinazione $41 o %01000001.

N.B. Il simbolo "$" precede codici di tipo esadecimale, il simbolo "%" precede quantità di tipo binario.

Tabella del codice ASCII
-American Standard Code for Information Interchange-

	0	1	2	3	4	5	6	7
0	NUL	DLE	SP	0	@	P	'	p
1	SOH	DC1	!	1	A	Q	a	q
2	STX	DC2	"	2	B	R	b	r
3	ETX	DC3	#	3	C	S	c	s
4	EOT	DC4	$	4	D	T	d	t
5	ENQ	NAK	%	5	E	U	e	u
6	ACK	SYN	&	6	F	V	f	v
7	BEL	ETB	,	7	G	W	g	w
8	BS	CAN	(	8	H	X	h	x
9	HT	EM	)	9	I	Y	i	y
A	LF	SUB	*	:	J	Z	j	z
B	VT	ESC	+	;	K	[	k	{
C	FF	FS	,	<	L	\	l		
D	CR	GS	-	=	M	]	m	}
E	SO	RS	,	>	N	^	n	~
F	SI	US	/	?	O	_	o	DEL

Caratteri di controllo del codice ASCII

I caratteri di controllo del codice ASCII (prime trentadue combinazioni da $00 a $1F) possono essere generati dalla tastiera di un PC attraverso la pressione di una opportuna combinazione di due tasti della tastiera: il tasto CTRL (in basso a sinistra) e un tasto alfanumerico come indicato nella tabella seguente. Da sottolineare che il tasto CTRL va premuto per primo e va mantenuto premuto mentre si preme il secondo tasto della sequenza. Esempio per generare il carattere di controllo BEL ($07) devo premere e mantenere premuto il tasto CTRL e poi premere il tasto G (maiuscola).

Generazione dei Caratteri di controllo

hex	car	sequenza	hex	car	sequenza
00	NUL	CTRL @	10	DLE	CTRL P
01	SOH	CTRL A	11	DC1	CTRL Q
02	STX	CTRL B	12	DC2	CTRL R
03	ETX	CTRL C	13	DC3	CTRL S
04	EOT	CTRL D	14	DC4	CTRL T
05	ENQ	CTRL E	15	NAK	CTRL U
06	ACK	CTRL F	16	SYN	CTRL V
07	BEL	CTRL G	17	ETB	CTRL W
08	BS	CTRL H	18	CAN	CTRL X
09	HT	CTRL I	19	EM	CTRL Y
0A	LF	CTRL J	1A	SUB	CTRL Z
0B	VT	CTRL K	1B	ESC	CTRL [
0C	FF	CTRL L	1C	FS	CTRL \
0D	CR	CTRL M	1D	GS	CTRL]
0E	SO	CTRL N	1E	RS	CTRL ^
0F	SI	CTRL O	1F	US	CTRL _

Significato dei caratteri di controllo del codice ASCII

NUL : Null character.

SOH : Start of Heading/Inizio intestazione di un messaggio (informazione di istradamento del messaggio).

STX : Start of Text/Inizio del messaggio vero e proprio e quindi anche fine dell'intestazione del messaggio iniziata con un SOH.

ETX : End of Text/Fine del messaggio iniziato con un STX.

EOT : End of Transmission/Fine della trasmissione: conclude la trasmissione di uno o più testi ciascuno dei quali deve essere concluso da ETX.

ENQ : Enquiry/Richiesta di identificazione inviata al dispositivo ricevente.

BEL : Bell/Attivazione del segnale acustico sul dispositivo ricevente.

BS : Backspace/Comando di retrocedere di un carattere sulla unità di stampa del messaggio (video o stampante).

HT : Horizontal Tabulation/Tabulazione orizzontale.

LF : Line Feed/Avanzamento sulla successiva riga di stampa.

VT : Vertical Tabulation/Tabulazione verticale.

FF : Formed Feed/Passaggio sulla prima linea di stampa del foglio successivo .

CR : Carriage Return/Ritorno a capo (sulla medesima linea di stampa).

SO : Shift Out/Disinserzione della unità ricevente: le combinazioni di codice seguente saranno interpretate in modo non conforme alla tabella del codice ASCII finchè alla unità ricevente non giungerà un codice di inserzione SI.

SI : Shift In/Inserzione della unità ricevente: le combinazioni di codice seguente saranno interpretate in modo conforme alla tabella del codice ASCII.

DLE : Data Link Escape/Esclusione collegamenti dati.

DC1 - DC2 : Device Control characters/Caratteri di controllo particolari.

ACK : Acknowledge/Messaggio di dati ricevuti correttamente inoltrato verso il dispositivo trasmittente dalla unità ricevente.

NACK : Negative Acknowledge/Messaggio di dati ricevuti scorrettamente inoltrato verso il dispositivo trasmittente dalla unità ricevente.

SYN : Synchronize/Segnale di sincronismo emesso da una unità   trasmittente sincrona (in condizioni di riposo) per rendere possibile il sincronismo della unità ricevente in caso di inizio-trasmissione di un messaggio.

ETB : End of Transmission Block/Fine di un blocco di trasmissione o eventualmente separazione tra più blocchi trasmessi.

CAN : Cancel/Il dato è in errore o deve essere trascurato.

EM : End of Medium/Fine del Supporto di Informazione.

SUB : Separatore.

ESC : Escape.

FS : Field Separator/Separatore di Campo.

GS : Group Separator/Separatore di Gruppo.

RS : Record Separator/Separatore di Record.

US : Unit Separator/Separatore di Unità.

DELETE : Delete/Cancellazione di caratteri errati.

Indice

INTRODUZIONE 3
1- GENERALITÀ SUI LINGUAGGI DI PROGRAMMAZIONE 3
    1.1- Linguaggi Interpretati 5
    1.2- Linguaggi Compilati 5
2- TIPI DI VARIABILI PREVISTE DAL TURBO PASCAL 6
3- TIPI SEMPLICI 6
    3.1- TIPI ORDINALI 6
    Tipi Interi Predefiniti 7
    3.2- Tipi ENUMERATIVI 8
        Esempio 1 8
        Esempio 2 8
    3.3- Tipi SUBRANGE 9
    3.4- Le variabili INTEGER 9
    3.5- Interi di tipo LONGINT 9
    3.6- Divisione fra operandi Interi 9
    3.7- Situazione di 'Overflow' 10
    3.8- Le variabili di tipo WORD 10
    3.9- Le variabili di tipo CHAR 11
    3.10- LE VARIABILI REALI 12
    3.11- Limiti nella Precisione 12
    3.12- Tipi di dati in modalità 8087-80287-80387 12
    3.13- Output di dati su Video 13
    3.14- Formattazione delle quantità reali in modo "fixed-point" 13
    3.15- Output di dati su stampante 14
4- DATI DI TIPO STRUTTURATO 14
    4.1- ARRAY (vettori a 1 o più dimensioni) 14
        NOTE 15
    4.2- Le variabili di tipo STRING 16
    4.3- Funzioni che operano su variabili STRING 16
    4.4- Confronto fra Stringhe di Caratteri 17
    4.5- RECORD 17
        L'istruzione WITH 18
    4.6- Le variabili di tipo SET 18
        Definizione degli elementi di tipo "Set" 19
        Istruzione in 19
5- LE STRUTTURE DECISIONALI 21
    5.1- Struttura Decisionale IF .. THEN .. ELSE 21
    5.2- La Struttura CASE .. OF 23
6- LE STRUTTURE ITERATIVE 24
    6.1- La Struttura Iterativa FOR .. DO 24
    6.2- La Struttura Iterativa WHILE .. DO 24
    6.3- La Struttura Iterativa REPEAT .. UNTIL 25
7- FUNZIONI E PROCEDURE 26
    7.2- Chiamate a Procedure e Funzioni 27
    7.3- Ritorno da una Procedura o da una Funzione 27
        Variabili Locali 27
        Variabili Globali 27

Variabili Formali 27

7.4- Ricorsione...*28*

7.5- Passaggio di Parametri...*29*

7-6- Accesso diretto alle porte di I/O *30*

8- GESTIONE DEI FILES O ARCHIVI SU DISCO 31

8.1- FILES AD ACCESSO SEQUENZIALE *31*

8.2- FILES AD ACCESSO RANDOM...*32*

8.3- PROCEDURE DI SUPPORTO ALL' I/O SU DISCO *33*

    ASSIGN.. 33

    RESET 33

    REWRITE 33

    CLOSE 34

    APPEND 34

    FILESIZE 34

    SEEK.. 34

EOF *34*

    ESEMPIO 1.. 35

    Esempi di gestione di I/O con files tipizzati (ad accesso Random).. 37

    ESEMPIO 2 .... *37*

9 LIBRERIE : SYSTEM UNIT E USER UNIT 40

9- STRUTTURA COMPLETA DI UN PROGRAMMA PASCAL...40

9.1- PROGRAM HEADING Intestazione del Programma..*40*

9.2- DATA SECTION Sezione dei dati..*40*

9.3- CODE SECTION Sezione del codice..*41*

9.4 - I Commenti *41*

10 - CODICE ASCII (AMERICAN STANDARD CODE FOR INFORMATION INTERCHANGE) 41

Caratteri di controllo del codice ASCII...*42*

Significato dei caratteri di controllo del codice ASCII *43*

Turbo Pascal